Frühling auf dem Lande

Endlich Frühling! Die langen, dunklen Tage sind vorbei, der letzte Schnee ist geschmolzen und überall erwachen Tiere und Pflanzen aus ihrem Winterschlaf.

Wenn dann die ersten warmen Sonnenstrahlen durchs Fenster fallen, ist die beste Gelegenheit, das Zuhause und den Garten zu verschönern. In diesem Buch finden Sie viele tolle Ideen für frühlingsfrische Dekorationen: Wie wäre es z. B. mit einem neuen Türschild zu Ostern, einem lustigen Gartenzwerg oder süßen Blütenmädchen? Hübsche Blumenstecker, Osterkörbchen, Deko-Ketten und etliches mehr warten darauf, von Ihnen gesägt und dekoriert zu werden.

Sie brauchen nur etwas Sperrholz, Acrylfarben, eine Laub- oder Dekupiersäge, und schon kann es losgehen!

Ich wünsche Ihnen eine schöne Frühlings- und Bastelzeit!

Ihre

Monika Gänsler

Die Motive lassen sich in folgende Schwierigkeitsgrade unterteilen:

○ ○ ○ einfach ○ ○ ○ etwas schwieriger ○ ○ ○ anspruchsvoll

MATERIALIEN UND WERKZEUGE

Folgende Materialien und Werkzeuge werden für fast jedes der hier im Buch gezeigten Modelle benötigt. Sie werden in den einzelnen Materiallisten nicht mehr extra aufgeführt.

- Pappelsperrholz, 4 mm, 6 mm, 8 mm und 1 cm stark
- Bleistift
- Schneiderkopierpapier (ggf. auch Kohlepapier)
- Transparentpapier
- Klebefilm
- Laub- oder Dekupiersäge (mit Sägeblättern für Holz)
- Schmirgelpapier, z. B. mit einer Körnung von 80 und 120
- evtl. Schraubzwinge
- Feile
- matte Acrylfarbe
- breiter Borstenpinsel
- schmaler Pinsel
- dünner, wasserfester Stift in Schwarz
- dünner, wasserfester Lackmalstift in Weiß (für Augen und Zähne)
- evtl. Ellipsen- oder Kreisschablone (für die Augen)
- evtl. Sprühlack
- UHU Alleskleber kraft
- Heißklebepistole
- Holzleim
- geglühter Draht, ø 0,35 mm, 0,65 mm und 1,4 mm
- Holzschrauben, Senkkopf, ø 3,5 mm, 3 cm lang (zum Anschrauben der Standflächen)
- evtl. Schraubendreher
- Bohrmaschine oder Akkuschrauber
- Bohrer (Spiralbohrer), ø 1,5 mm, 2 mm, 3 mm, 4 mm, 6 mm, 8 mm und 1 cm
- Seitenschneider
- spitze Rundzange
- Hammer
- mittelgroße, spitze Schere
- evtl. Cutter mit Schneideunterlage

Hinweise: Als „Rest" wird immer ein Stück bezeichnet, das maximal A5 groß ist.

Der 1,4 mm starke Bindedraht ist unter dem Namen „Rödeldraht" im Baustoffhandel erhältlich!

So geht es

1 Zuerst alle Motivteile auf das Sperrholz übertragen. Dazu das Schneiderkopierpapier (mit der beschichteten Seite nach unten) auf das Sperrholz legen, darüber die Vorlage platzieren und die Konturen mit einem Bleistift oder Kugelschreiber nachziehen. Zusätzliche Einzelteile (wie z. B. die Köpfe der Schafe auf Seite 10) werden mit etwas Abstand zum Grundmotiv auf das Sperrholz übertragen. Darauf achten, dass die Teile nicht überlappen.

2 Alle Teile mit einer Laub- oder Dekupiersäge aussägen. Die Kanten sorgfältig mit Schmirgelpapier glätten. Für das Aussägen innen liegender Bereiche (z. B. den Bereich zwischen Möhre und Hase auf Seite 15) zunächst ein großes Loch in die Fläche bohren (Bohrer mit ø 6 mm), das Sägeblatt durchführen und die Fläche aussägen.

Hinweis: Die Bohrer, die Sie jeweils zum Vorbohren benötigen, sind in den Materiallisten mit aufgeführt.

3 Alle Teile wie abgebildet bemalen und trocknen lassen. Danach die Innenlinien mit einem dünnen schwarzen Stift ergänzen. Zum Schluss alle benötigten Löcher bohren und die Teile wie in der jeweiligen Anleitung beschrieben zusammensetzen. Für den Außenbereich das Motiv mit wetterfestem Lack besprühen.

Tipps und Tricks

Verwenden von Schablonen

Die Umrisslinien können auch mit einer Schablone übertragen werden. Dazu mit einem Bleistift das Motiv auf Transparentpapier ohne Überschneidungen abpausen. Dann das Transparentpapier auf dünnen Karton kleben und die abgepausten Motivteile ausschneiden. Fertig sind die Schablonen, die dann auf das Holz, den Filz oder den Stoff gelegt und mit einem Bleistift oder Kugelschreiber umfahren werden können.

Sperrholz

Das Sperrholzstück sollte nicht zu knapp bemessen sein. Die in diesem Buch genannten Maße sind Mindestangaben. Ein etwas größeres Stück lässt sich beim Aussägen besser festhalten und ist dadurch sicherer und leichter zu handhaben.

Pappelsperrholz eignet sich besonders gut für Laubsägearbeiten. Statt 1 cm starkem Sperrholz kann auch etwas dünneres Material verwendet werden.

Aussägen innen liegender Flächen

Beim Aussägen innen liegender Flächen ist zu prüfen, ob die Dekupiersäge oder die Laubsäge benutzt werden kann.

Um mit der Dekupiersäge arbeiten zu können, benötigt man je nach Modell ein größeres Loch zum Durchfädeln und Arbeiten. Ist dieses nicht möglich, muss eine Laubsäge verwendet werden.

Tipps und Tricks

Drahtlocken

Schöne Drahtlocken erhält man, wenn die Drahtenden um einen runden Gegenstand gewickelt werden, z. B. um einen Pinselstiel.

Hübsche Stoffe

Patchworkstoffe eignen sich prima für das Ausschmücken der Motive. Sie sind in gut sortierten Stofffachgeschäften erhältlich.

Befestigung auf der Bodenplatte

Die Unterkante der Figur, die die Standfläche berührt, sollte so exakt wie möglich gearbeitet sein. Unebenheiten bringen die Figur zum Kippen. Besonders bei großen Figuren ist es sinnvoll, die Figur auf der Bodenfläche festzuschrauben. Dazu ein oder zwei Löcher (ø 4 mm) im Bereich der Befestigungsfläche in die Bodenplatte bohren. Dann die Position der Löcher an der Unterkante der Figur markieren und vorbohren (ø 2 mm). Die Figur von unten durch die Bodenfläche festschrauben.

Figuren bemalen

Um ein Ineinanderlaufen der Farben zu vermeiden, sollte jede Farbe völlig trocken sein, bevor die nächste aufgetragen wird. Acrylfarbe trocknet in der Regel sehr schnell, wenn sie nicht zu dick aufgetragen wird.

Für einen zarten, transparenten Anstrich die Farbe stark mit Wasser verdünnen. Kräftige Farbakzente mit unverdünnter Farbe aufmalen. Wird beim Bemalen zufällig eine Innenlinie übermalt, ist das nicht weiter schlimm. In diesem Fall einfach die Motivvorlage auf Transparentpapier übertragen, die Linien auf der Rückseite mit Bleistift nachziehen und dann das Transparentpapier auf das bereits bemalte Motiv legen. Beim erneuten Nachfahren der Linien überträgt sich der Bleistiftgrafit von der Rückseite des Transparentpapiers auf das Motiv. Dann die Innenlinien mit dem schwarzen Stift nachziehen.

Manchmal ist es einfacher, die schwarzen Innenlinien vor dem Ankleben der Einzelteile aufzumalen. Für Augen und Nasen evtl. eine Ellipsen- oder Kreisschablone verwenden. Das Weiß der Augen wird mit weißer Acrylfarbe oder einem weißen Lackmalstift aufgetragen. Die meisten Wangenflecken und Nasen erhalten noch einen kleinen, weißen Pinselstrich.

Ein rustikales und sandiges Aussehen der Motive erzielt man mithilfe von Strukturfarbe. Diese ist in den einzelnen Materiallisten mit dem Zusatz „Struktur" beim jeweiligen Farbton angegeben.

Motivrückseite

Bei einigen Motiven lässt sich die Rückseite genauso hübsch wie die Vorderseite gestalten.

Dazu müssen alle Einzelteile, die aufgeklebt werden, ein zweites Mal ausgesägt werden. Danach die Innenlinien spiegelverkehrt auf die Motivrückseite übertragen. Dazu alle Linien des Motivs mit einem weichen Bleistift auf Transparentpapier nachzeichnen und dieses mit der Vorderseite nach unten auf das bereits ausgesägte Motiv legen. Nun die aufgezeichneten Innenlinien nachfahren. Dabei zeichnet sich der Grafit der Bleistiftlinien auf dem Sperrholz ab.

Kleine Gartenstecker

→ auch als Geschenk für einen Hobbygärtner nett

MOTIVHÖHE
ca. 18 cm

MATERIAL ZWEI SCHNECKEN
- Sperrholz, 1 cm stark, 25 cm x 22 cm
- Acrylfarbe in Hausergrün, Pfirsich, Lachsrot, Weiß, Lindgrün und Taubenblau
- Bindedraht, ø 0,35 mm und 0,65 mm
- je 1 Holzknopf in Olivgrün und Rot, ø 7 mm
- Bohrer, ø 1,5 mm

VORLAGENBOGEN 1A

1 Die Schnecken aus dem Sperrholz aussägen und wie abgebildet anmalen. Nach dem Trocknen die Gesichter gestalten, die Innenlinien aufmalen und den Schriftzug ergänzen.

2 Die Bohrungen ausführen. Die Fühler aus dem dicken Draht in Form biegen und einkleben.

3 Die Knöpfe ergänzen, vorher jedoch dünnen Bindedraht durch die Löcher fädeln, vorn verzwirbeln und die Drahtenden locken.

Herr Fridolin

→ leuchtet im Dunkeln

MOTIVHÖHE
ca. 46 cm

MATERIAL
- Sperrholzrest, 4 mm stark
- Sperrholz, 6 mm stark, 20 cm x 20 cm
- Sperrholz, 1 cm stark, 50 cm x 40 cm
- kurzes Rundholzstäbchen
- Acrylfarbe in Zinnoberrot, Hautfarbe, Weiß, Lindgrün, Hausergrün, Taubenblau, Schwarz, Olivgrün und Goldgelb
- Rohholzhalbkugel, ø 1,2 cm
- Bastelfilz in Grün kariert, 8 cm x 10 cm
- Stoffstreifen, 3 cm x 4 cm
- Stoffstreifen in Rot-Weiß kariert, 7 cm x 5 cm
- 9 Kammzwecken (= kleine Nägel), ø 1,4 mm, 1 cm lang
- Bindedraht, ø 0,6 mm und 1,4 mm
- Metalllaterne in Hellgrün, 6 cm x 6 cm, 11 cm hoch
- 2 Holzschrauben, Senkkopf, ø 3,5 mm, 3 cm lang (zum Festschrauben auf der Standfläche)
- Bohrer, ø 1,5 mm (2 mm und 4 mm zum Vorbohren)

VORLAGENBOGEN 1B

1 Den Gartenzwerg, das rechte Bein, den rechten Arm und die Standfläche aus dem dicken, die zusätzliche Mütze und die Margeritenblüte aus dem mittleren und die Blume mit Stiel aus dem dünnen Sperrholz aussägen.

2 Alle Sperrholzteile und die Rohholzhalbkugel wie abgebildet anmalen. Mithilfe einer Schablone die Filztasche und den Flicken ausschneiden. Das Gesicht gestalten und alle Innenlinien aufmalen. Die benötigten Löcher bohren.

3 Die Filztasche mit den Kammzwecken von vorn aufnageln. Dabei vor dem Fixieren ein kurzes Rundholzstäbchen unter den Filz legen, damit eine gewölbte Form entsteht. Von vorn die zusätzliche Mütze und den Flicken ergänzen, von hinten den rechten Arm und das rechte Bein fixieren.

4 Den fertigen Gartenzwerg auf der Standfläche festschrauben. Den dicken Bindedraht in Form biegen und in die seitliche Bohrung stecken. Die Blüte mit dünnem Bindedraht unter den dicken Draht hängen.

5 Mit dem dünnen Bindedraht die Laterne unter den rechten Arm drahten. Die kleine Blume und das Tuch in die Filztasche stecken.

Hinweis: Das Teelicht nicht unbeaufsichtigt brennen lassen.

Du bist niedlich!

→ für den Türrahmen geeignet

MOTIVHÖHE
ca. 27 cm

MATERIAL
- Sperrholzrest, 6 mm stark
- Sperrholz, 1 cm stark, 20 cm x 25 cm
- Acrylfarbe in Hellbraun, Weiß, Mandarine (Struktur), Lachsrot, Schwarz, Klassikrot (Struktur) und Hautfarbe
- Bindedraht, ø 0,65 mm
- Baumwollkordel, ø 1 mm, 7 cm lang (pro Bein 3,5 cm lang)
- Strukturschnee
- Stoffstreifen, 3 cm x 20 cm
- Bohrer, ø 1,5 mm

VORLAGENBOGEN 3A

1 Das Armteil mit dem kleinen Huhn aus dem dünnen, den Hasen und das Bein aus dem dicken Sperrholz aussägen. Alle Teile wie abgebildet anmalen, die Gesichter gestalten und alle Innenlinien aufmalen.

2 Die Löcher bohren. Dem Hühnchen die Kordeln für die Beine einkleben und nach dem Trocknen die Füße ergänzen. Für die Fühler zwei 2,5 cm lange Drahtstücke in Form biegen und einkleben. Für die Barthaare des Hasen je ein Stück Draht u-förmig biegen, durch die Bohrungen stecken und die Drahtenden vorn rund umbiegen.

3 Den Arm fixieren und das zweite Bein genau senkrecht aufkleben. Das Schwänzchen mit Strukturschnee verzieren. Dem Häschen den Stoffstreifen umbinden.

Blumenstecker

→ auch als Mitbringsel prima

MOTIVHÖHE
ca. 66 cm

MATERIAL
- Sperrholzrest, 6 mm stark
- Sperrholz, 1 cm stark, 25 cm x 30 cm
- Acrylfarbe in Weiß, Hellbraun, Lachsrot, Lindgrün, Pfirsich, Olivgrün, Mandarine (Struktur) und Schwarz
- Holzlatte, 1 cm stark, 3 cm x 45 cm
- Bindedraht, ø 0,65 mm
- etwas Stroh
- Plusterstift in Weiß
- Bohrer, ø 1,5 mm

VORLAGENBOGEN 2A

1 Die Möhre und die Nase aus dem dünnen und den Hasenkopf aus dem dicken Sperrholz aussägen. Die Holzlatte zuspitzen.

2 Die Sperrholzteile und die Holzlatte wie abgebildet anmalen. Dabei die Holzlatte in Lindgrün und Pfirsich schräg streifen. Nach dem Trocknen das Hasengesicht gestalten und alle Innenlinien aufmalen. Die Holzlatte mit weißen Plusterstiftstreifen verzieren.

3 Alle Bohrungen ausführen. Für die Barthaare u-förmig gebogene Drahtstücke von hinten durch die beiden Löcher stecken und vorn in Form biegen.

4 Etwas Stroh mit Draht umwickeln, verzwirbeln und die Drahtenden locken. Den Kopf und die Möhre auf die Holzlatte kleben. Das fertige Strohbündel mit Heißkleber unter den Kopf an die Holzlatte kleben.

MOTIVHÖHE
seitlich stehendes Schäfchen ca. 36 cm

MATERIAL
- Sperrholz, 6 mm stark, 25 cm x 70 cm
- Sperrholz, 1 cm stark, 80 cm x 75 cm
- Acrylfarbe in Lachsrot, Weiß, Hautfarbe und Immergrün (Struktur)
- 3 Rohholzhalbkugeln, ø 3,5 cm
- Strukturschnee
- 6 Holzschrauben, Senkkopf, ø 3,5 mm, 3 cm lang (zum Festschrauben auf der Standfläche)
- Bohrer, ø 2 mm und 4 mm zum Vorbohren

VORLAGENBOGEN
2 B + 3 B

Ein nettes Trio

→ auch einzeln ein Hingucker

1 Die Schafe und die Standflächen aus dem dicken Sperrholz und die zusätzlichen Köpfe aus dem dünnen aussägen.

2 Alle Sperrholzteile und die Rohholzhalbkugeln wie abgebildet anmalen. Sämtliche Innenlinien ergänzen und die Gesichter gestalten. Die Nasen fixieren.

3 Die Köpfe aufkleben und nach dem Trocknen das Fell mit Strukturschnee gestalten. Die fertigen Schafe auf der Standfläche anschrauben.

MOTIVHÖHE
ca. 13,5 cm

MATERIAL
- Sperrholzrest, 4 mm stark
- Sperrholz, 8 mm stark, 16 cm x 24 cm
- Sperrholzrest, 1 cm stark
- Acrylfarbe in Weiß, Terrakotta, Olivgrün, Hausergrün, Hellbraun, Lachsrot, Taubenblau, Goldgelb und Mandarine (Struktur)
- Plusterstift in Weiß
- Bindedraht, ø 0,65 mm
- Seegras in Grün
- Strukturschnee
- Bohrer, ø 1,5 mm

VORLAGENBOGEN 3 A

Für dich!

→ Deko für die Fensterbank

1 Die Standfläche aus dem dicken Sperrholz, den Hasen, das Huhn, die Blume und das Herz aus dem mittleren und die Hasenarme, den Flügel und die vordere Kralle des Huhns aus dem dünnen Sperrholz aussägen.

2 Alle Teile wie abgebildet anmalen, die Gesichter gestalten und die Innenlinien aufmalen. Die Bohrungen vornehmen.

3 Dem Hasen einen Arm von vorn aufkleben, den anderen von hinten fixieren, dazwischen das Herz befestigen. Für die Barthaare ein Stück u-förmig gebogenen Bindedraht von hinten durch die Bohrungen stecken und vorn umbiegen. Das Schwänzchen mit Strukturschnee verzieren. Dem Huhn von vorn den Flügel und die Kralle aufkleben und das Huhn sowie die Blume mit Plusterstift verzieren.

4 Alle Teile auf der Standfläche fixieren und diese mit etwas Seegras dekorieren.

Liebes Blumenmädchen

→ mit Eimerchen zum Befüllen

MOTIVHÖHE
ca. 48 cm

MATERIAL
- Sperrholz, 6 mm stark, 25 cm x 30 cm
- Sperrholz, 1 cm stark, 40 cm x 52 cm
- Acrylfarbe in Lindgrün, Hausergrün, Lachsrot, Weiß, Hautfarbe, Antikblau, Zartblau, Zinnoberrot und Pfirsich
- Bindedraht, ø 0,65 mm
- Plusterstift in Weiß
- Zinkeimer, ø 10 cm, ca. 9,5 cm hoch
- Stoffstreifen, 4 cm x 22 cm
- Holzschraube, Senkkopf, ø 3,5 mm, 3 cm lang (zum Festschrauben auf der Standfläche)
- Bohrer, ø 1,5 mm und 6 mm (2 mm und 4 mm zum Vorbohren)

VORLAGENBOGEN 4B

1 Das Blumenmädchen und die Standfläche aus dem dicken, das Hütchen, das Blütenblatt, das Herz und die Blüte aus dem dünnen Sperrholz aussägen. Die Blütenmitte aussägen, dafür ein Loch in die Fläche bohren und das Sägeblatt durchfädeln.

2 Alle Teile wie abgebildet anmalen. In die noch feuchte Farbe der Blüte etwas Acrylfarbe in Pfirsich geben und einen gleichmäßigen Übergang arbeiten. Alle Innenlinien aufmalen und das Gesicht gestalten.

3 Das zusätzliche Hütchen und das Blütenblatt aufkleben. Die Blüte auf der Standfläche anbringen.

4 Alle Bohrungen vornehmen und die Ärmel mit Plusterstift verzieren. Für das Hütchen u-förmig gebogene Drahtstücke von hinten durch die Bohrungen stecken und vorn in Form biegen.

5 Das Herz mit Bindedraht unter die Hand hängen. Dem Blumenmädchen den Stoffstreifen um den Hals binden und die Figur auf die Standfläche schrauben. Den mit Blumen bepflanzten oder dekorierten Zinkeimer in die Blütenmitte stellen.

Ich hab' was mitgebracht!

→ willkommen im Frühling

MOTIVHÖHE
ca. 37 cm

MATERIAL
- Sperrholzrest, 4 mm stark
- Sperrholz, 1 cm stark, 50 cm x 40 cm
- Acrylfarbe in Milchkaffee, Zartrosa, Weiß, Zinnoberrot, Hautfarbe, Schwarz, Lindgrün, Immergrün (Struktur), Hausergrün, Zartblau, Mittelblau, Mandarine (Struktur) und Sand
- Rohholzhalbkugel, ø 3,5 cm
- Bindedraht, ø 0,65 mm
- 15 Kammzwecken (= kleine Nägel), ø 1,4 mm, 1 cm lang
- Stoffstreifen, kariert, 4 cm x 24 cm
- Stoffrest, gestreift, 6 cm x 7 cm
- 2 Holzschrauben, Senkkopf, ø 3,5 mm, 3 cm lang (zum Festschrauben auf der Standfläche)
- Seegras in Grün
- Plusterstift in Weiß
- Bohrer, ø 1,5 mm, 3 mm oder 6 mm (2 mm und 4 mm zum Vorbohren)

VORLAGENBOGEN 4A

1 Den Hasen samt Blüte und Möhre sowie die Standfläche aus dem dicken, die zusätzliche Blüte aus dem dünnen Sperrholz aussägen. Die Zwischenflächen aussägen, dazu ein Loch (entweder ø 3 mm für die Laubsäge oder ø 6 mm für die Dekupiersäge) in die Fläche bohren und das Sägeblatt durchfädeln.

2 Die Rohholzhalbkugel und alle Sperrholzteile wie abgebildet anmalen. Sämtliche Innenlinien aufmalen und die Gesichter gestalten. Die zusätzliche Blüte und die Nase aufkleben.

3 Mithilfe einer Kartonschablone das Stoffherz zuschneiden und mit Kammzwecken festnageln. Die Blüte mit Plusterstift in Weiß verzieren.

4 Alle Löcher bohren. Für den Marienkäfer aus Bindedraht die beiden Fühler formen und einkleben. Für die Schnurrhaare des Hasen zwei u-förmig gebogene Drahtstücke von hinten durch die entsprechenden Löcher stecken und vorn umbiegen. Für die Blüte ebenfalls ein u-förmig gebogenes Bindedrahtstück durch die Löcher stecken und in Form biegen.

5 Den Hasen auf die Standfläche schrauben und den Stoffstreifen als Schal umbinden. Die Standfläche mit etwas Seegras verzieren.

Bunte Vogelvillen

→ schöne Deko für drinnen und draußen

MOTIVHÖHE
ca. 20 cm (grünes Haus)

MATERIAL ALLE HÄUSER

- Sperrholz, 6 mm stark, 30 cm x 20 cm
- Sperrholz, 1 cm stark, 30 cm x 40 cm
- Acrylfarbe in Hausergrün, Lachsrot, Terrakotta, Taubenblau, Honiggelb, Lindgrün, Weiß, Antikblau, Pfirsich und Goldgelb
- Rundholz, ø 3 mm, 2 x 2 cm und 1 x 2,5 cm lang
- Bindedraht, ø 0,65 mm
- Baumwollkordel in Grün und Natur, je ø 1 mm, 4 cm lang
- Plusterstifte in Weiß und Sonnengelb
- Rohholzhalbkugel, ø 8 mm
- Paketschnur, ø 1,3 mm
- Stoffquadrat in Blau kariert und Rot-Weiß kariert, je 3 cm x 3 cm
- Bohrer, ø 1,5 mm, 2 mm und 3 mm

VORLAGENBOGEN 4A + 4B

1 Die Häuser aus dem dicken Sperrholz, die zusätzlichen Dachkanten, die Vögel, Fensterläden, Herzen, das Tür-Bodenplattenteil, das Wiesen-Blumen-Bodenplattenteil und das Bodenplattenteil aus dem dünnen Sperrholz aussägen.

2 Alle Sperrholzteile und die Rohholzhalbkugel wie abgebildet anmalen. Alle Innenlinien aufmalen und die Einfluglöcher mit schwarzem Stift aufzeichnen.

3 Die Dachkanten aufkleben. Das Tür-Bodenplattenteil und die Fensterläden auf das gelbe Haus kleben. Das Wiesen-Blumen-Bodenplattenteil am lindgrünen Haus fixieren, vorher jedoch die Rohholzhalbkugel aufkleben und das mithilfe einer Kartonschablone zugeschnittene Stoffherz aufkleben. Die Ziernähte aufmalen. Auf das rosafarbene Haus beide Herzen, das Bodenplattenteil und den Flicken kleben. Auch hier die Ziernähte aufzeichnen.

4 Alle Bohrungen ausführen. Die Sitzstangen in die Bohrungen stecken, im rosafarbenen Haus die längere Sitzstange fixieren. Den Schornstein, das gelbe Haus, die zusätzliche Dachkante, die Blüte und beide Bodenplattenteile mit den Plusterstiften wie abgebildet verzieren.

5 Ein Ende der naturfarbenen Baumwollkordel in die Bohrung des Vogels stecken, mit Klebstoff fixieren und das andere Ende in die seitliche Bohrung der Dachkante stecken. Das Herz mit der grünen Kordel auf dieselbe Weise befestigen.

6 Auf ein Ende des gelockten Bindedrahtes den Vogel stecken, mit Klebstoff fixieren und das andere Drahtende in die seitliche Bohrung im Dach stecken.

7 Eine Schlaufe aus Paketschnur als Aufhängung an jedem Haus einkleben.

Frohe Ostern

Fröhliche Osterdeko

→ für Tür und Tisch

MOTIVHÖHE
Schild ca. 38 cm
Körbchen ca. 12 cm

MATERIAL FROHE OSTERN
- Sperrholzrest, 4 mm stark
- Sperrholzrest, 6 mm stark
- Sperrholz, 1 cm stark, 20 cm x 25 cm
- Acrylfarbe in Pfirsich, Nougat, Schwarz, Lachsrot, Weiß, Klassikrot (Struktur), Mandarine (Struktur), Zinnoberrot, Hausergrün, Antikblau, Goldgelb und Mittelblau
- Bindedraht, ø 0,65 mm
- Rundpinsel, Größe 2
- Plusterstifte in Weiß und Flieder
- Baumwollkordel in Grün, ø 1 mm, 6 x 5 cm lang
- Rohholzhalbkugel, ø 8 mm
- Holzplatine, ø 2 cm
- Paketschnur, ø 1,3 mm
- Stoffstreifen, 1,5 cm x 18 cm
- Bohrer, ø 1,5 mm, 2 mm und 3 mm

OSTERKÖRBCHEN
- Sperrholz, 6 mm stark, 30 cm x 40 cm
- Sperrholz, 1 cm stark, 30 cm x 30 cm
- Acrylfarbe in Pfirsich, Nougat, Weiß, Lachsrot und Immergrün (Struktur)
- 8 Holzschrauben, Senkkopf, ø 3,5 mm, 3 cm lang
- Strukturschnee
- etwas Heu
- Bohrer, ø 2 mm und 4 mm
- evtl. Schraub- oder Einhandzwinge

VORLAGENBOGEN 2A+3A

Frohe Ostern

1 Den Flügel, das Flügel-Fußteil, die Vorderpfoten, den Fuß, Hühnerkopf, Schnabel und die Kehlläppchen aus dem dünnen, die Ostereier aus dem mittleren und das Huhn-Hasenschild aus dem dicken Sperrholz aussägen.

2 Alle Sperrholzteile, die Rohholzhalbkugel und die Holzplatine wie abgebildet anmalen, die Innenlinien aufmalen, die Gesichter gestalten und danach im Schriftzug die Buchstaben „O" bunt ausmalen. Zwei Eier mit den Plusterstiften verzieren.

3 Alle Löcher bohren. Dem Hasen die Nase, Vorderpfoten, den Fuß und das Flügel-Fußteil aufkleben. Flügel, Kopf und Schnabel sowie das Kehlläppchen auf das Huhn kleben. Das Eigelb auf das Eiweiß kleben.

4 Für die Barthaare jeweils ein Stück Bindedraht u-förmig biegen, von hinten durch die Bohrungen stecken und die Drahtenden umbiegen. Die Baumwollkordeln in die Bohrungen der Ostereier stecken, mit Klebstoff fixieren und trocknen lassen. Die drei Ketten im Schild fixieren. Den Pinsel festkleben, dem Hasen den Stoffstreifen umbinden und etwas Paketschnur als Aufhängung am Ohr anbringen.

Osterkörbchen

1 Die Hasenteile aus dem dünnen, die Bodenplatte und die Seitenteile aus dem dicken Sperrholz aussägen.

2 Alle Teile wie abgebildet anmalen, die Gesichter beidseitig gestalten. Nach dem Trocknen die Schwänzchen mit Strukturschnee betupfen und trocknen lassen.

WEITERFÜHRUNG

Fröhliche Osterdeko

3 Alle Bohrungen gemäß Vorlagenbogen anbringen. Das Körbchen zusammenschrauben und die Häschen an die Seitenteile leimen. Dafür ggf. eine Schraub- oder Einhandzwinge verwenden. Das Körbchen mit Heu auspolstern.

Gänseduo

→ schlicht und schön

MOTIVHÖHE
große Gans ca. 32 cm

MATERIAL
- Sperrholz, 1 cm stark, 40 cm x 40 cm
- Acrylfarbe in Mandarine (Struktur), Weiß und Lindgrün
- Paketschnur, ø 1,3 mm
- Trockenblumenmischung: Lavendelblüten
- Serviettenlack
- 2 Holzschrauben, Senkkopf, ø 3,5 mm, 3 cm lang (zum Festschrauben auf der Standfläche)
- Bohrer, ø 2 mm und 4 mm zum Vorbohren

VORLAGENBOGEN 4B

1 Die Gänse und die Bodenfläche aus dem Sperrholz aussägen. Alle Teile wie abgebildet anmalen. Nach dem Trocknen die Gesichter gestalten.

2 Die Körper mit Trockenblumen verzieren. Dazu jeweils die gewünschte Stelle mit Serviettenlack bestreichen, vorsichtig die Blüten bzw. Gräser auflegen und diese noch einmal mit Serviettenlack fixieren.

3 Die Gänse auf die Standfläche schrauben und beiden eine Schleife aus Paketschnur umbinden.

Lustiger Geselle

→ kann das ganze Jahr stehen bleiben

MOTIVHÖHE
ca. 35 cm

MATERIAL
- Sperrholzrest, 6 mm stark
- Sperrholz, 1 cm stark, 20 cm x 24 cm
- Acrylfarbe in Weiß, Hautfarbe, Schwarz, Lindgrün, Taubenblau, Hausergrün und Lachsrot
- 2 Rundholzstücke, ø 1 cm, 18 cm lang
- Bindedraht, ø 0,65 mm
- Stoffstreifen, 2 cm x 20 cm
- Bohrer, ø 1,5 mm, 3 mm (zum Vorbohren für die Beine) und 1 cm

VORLAGENBOGEN 3A

1 Das Kleeblatt und das Mundteil aus dem dünnen, die Kuh, Arme und Füße aus dem dicken Sperrholz aussägen.

2 Die Rundholzstücke an einem Ende auf einer Länge von 2,5 cm abflachen. Dafür das Rundholz der Länge nach ca. 2,5 cm tief halbieren und eine Hälfte senkrecht zur Mittelachse absägen (siehe Vorlagenbogen).

3 Sämtliche Sperrholzteile und die Rundholzstücke anmalen. Dabei allerdings 1 cm am unteren Ende der Rundholzstücke nicht anmalen. So lassen sie sich später besser in die Bohrungen der Füße stecken. Die Streifen der Beine sind ca. 2 cm breit. Alle Innenlinien ergänzen, das Gesicht gestalten und die Löcher bohren.

4 Das Mundteil aufkleben und die Arme an den Körper drahten: Dafür u-förmig gebogene Drahtstücke von hinten durch die entsprechenden Bohrungen stecken, vorne verzwirbeln und die Drahtenden locken. Das Kleeblatt auf ein gelocktes Drahtende stecken, mit Klebstoff fixieren und das andere Ende in die Bohrung im Mundteil stecken.

5 Die Rundholzstücke in die entsprechende Bohrung der Füße stecken und fixieren. Die abgeflachte Seite von hinten an die Kuh kleben. Ggf. den abgeflachten Bereich noch etwas nacharbeiten, d. h. der Bauchform anpassen. Zum Schluss der Kuh den Stoffstreifen um den Hals binden.

Welcome

→ dekorativ am Gartenzaun

MOTIVHÖHE
Schaf ca. 14,5 cm

MATERIAL
- Sperrholzrest, 4 mm stark
- Sperrholz, 6 mm stark, 20 cm x 25 cm
- Sperrholzrest, 1 cm stark
- Acrylfarbe in Zartrosa, Lindgrün, Hausergrün, Pfirsich, Lachsrot, Flieder, Taubenblau, Zarttürkis, Hautfarbe, Weiß und Olivgrün
- Plusterstift in Weiß
- Holzbuchstaben: W, E, L, C, O, M, E, ca. 2 cm hoch
- Strukturschnee
- Bindedraht, ø 0,35 mm und 1,4 mm
- Bohrer, ø 1,5 mm und 4 mm

VORLAGEN-BOGEN 2B

1 Den zusätzlichen Kopf des Schafes aus dem dünnen, die Blüten aus dem mittleren und das Schaf aus dem dicken Sperrholz aussägen.

2 Alle Sperrholzteile und die Holzbuchstaben wie abgebildet anmalen. Sämtliche Innenlinien aufmalen und das Gesicht gestalten.

3 Den Kopf aufkleben, die Buchstaben ergänzen und die Blüten mit Plusterstift verzieren. Das Schafsfell mit Strukturschnee gestalten.

4 Alle Löcher gemäß Vorlagenbogen bohren. Sämtliche Einzelteile mit dünnem Bindedraht wie abgebildet aneinanderhängen, sodass eine Kette entsteht.

5 Den dicken Draht für die Aufhängung in Form biegen und am Schaf einhängen.

MOTIVHÖHE
ca. 9 cm

MATERIAL

- Sperrholzrest, 4 mm stark
- Sperrholz, 6 mm stark, 25 cm x 20 cm
- Acrylfarbe in Weiß, Hautfarbe, Lindgrün, Pfirsich, Lachsrot und Taubenblau
- Strukturschnee
- 2 Rohholzhalbkugeln, ø 1,5 cm
- Bindedraht, ø 0,35 mm
- Bohrer, ø 1,5 mm

VORLAGENBOGEN 1B

Mini-Kette

→ passt überall hin

1 Die zusätzlichen Köpfe aus dem dünnen und die Schafe und Blüten aus dem dicken Sperrholz aussägen. Die Schafe und Blüten wie bei der Kette auf Seite 24 beschrieben arbeiten.

2 Die beiden Rohholzhalbkugeln als Blütenmitten aufkleben. Alle Löcher bohren, die Motive mit Draht verbinden und die Drahtenden locken. An der blauen und grünen Blüte Drahtschlaufen für die Aufhängung befestigen.

Blumenkasten

→ auch als Osternest verwendbar

MOTIVHÖHE
ca. 34 cm

MATERIAL

- Sperrholz, 6 mm stark, 18 cm x 35 cm
- Sperrholz, 1 cm stark, 70 cm x 45 cm
- Acrylfarbe in Terrakotta, Weiß, Orange, Taubenblau, Hausergrün, Schwarz und Lindgrün
- Bindedraht, ø 0,35 mm und 0,65 mm
- 9 Holzschrauben, Senkkopf, ø 3,5 mm, 3 cm lang
- 2 Stoffstreifen, je 3 cm x 15 cm
- Stoffstreifen, 3 cm x 20 cm
- Plusterstift in Weiß
- Bohrer, ø 1,5 mm, 2 mm und 4 mm

VORLAGENBOGEN
2 B + 3 B + 4 A

1 Die Marienkäfer, die Kistenkante, die zusätzlichen Hahnenkämme, die Schnäbel und die Kehlläppchen aus dem dünnen, die Hühnergruppe, Seitenteile, Bodenplatte und die Vorderseite aus dem dicken Sperrholz aussägen. Alles wie abgebildet anmalen, die Innenlinien ergänzen und die Gesichter gestalten.

2 Alle Bohrungen anbringen. Die Hahnenkämme, die Schnäbel und die Kehlläppchen fixieren. Die Drahtenden der in Form gebogenen Brille in die dafür vorgesehenen Bohrungen stecken. Die Vorderseite der Kiste mit Plusterstiftstreifen verzieren. Gut trocknen lassen, anschließend die mit Fühlern aus dickem Bindedraht verzierten Marienkäfer anbringen.

3 Die Kiste zusammenschrauben, die Vorderseite an die Seitenteile und die Bodenplatte leimen. Nach dem Trocknen die weiße Kistenkante fixieren.

4 Die drei Stoffstreifen doppelt legen, ca. 1 cm von der Knickstelle entfernt mit dünnem Bindedraht umwickeln und die Drahtenden locken. Jedem Huhn mit Heißkleber einen Stoffstreifen aufkleben, das mittlere Huhn erhält den längeren Stoffstreifen.

Welch ein Konzert!

→ schmückt den Eingangsbereich

MOTIVHÖHE
ca. 37 cm

MATERIAL
- Sperrholz, 6 mm stark, 60 cm x 20 cm
- Sperrholz, 1 cm stark, 70 cm x 70 cm
- Acrylfarbe in Lachsrot, Zinnoberrot, Hausergrün, Zartblau, Taubenblau, Pfirsich und Weiß
- Bindedraht, ø 0,35 mm und 0,65 mm
- 4 Schraubscharniere, 1,7 cm x 2 cm
- 10 Holzschrauben, Senkkopf, ø 3,5 mm, 3 cm lang
- je 1 Stoffstreifen, 4 cm x 22 cm und 4 cm x 18 cm
- Plusterstift in Weiß
- 2 Zinkeimer, ø 8 cm, ca. 7,5 cm hoch
- Bohrer, ø 1,5 mm, 2 mm und 4 mm

VORLAGENBOGEN
1 B + 4 B

1 Die Frösche, die Füße und die Bauchläden aus dem dicken, den Schmetterling und die zusätzlichen Köpfe aus dem dünnen Sperrholz aussägen.

2 Alle Teile wie abgebildet anmalen. Die Gesichter gestalten und sämtliche Innenlinien ergänzen.

3 Die Bohrungen anbringen und die zusätzlich ausgesägten Köpfe fixieren. Die Fühler des Schmetterlings einkleben, dazu ein Stück dicken und in Form gebogenen Bindedraht in das entsprechende Loch stecken und mit Klebstoff fixieren. Den Schmetterling mit Plusterstift verzieren. Die Bauchläden anschrauben und die Frösche mit Scharnieren aneinanderschrauben. Die Füße anschrauben.

4 Den Schmetterling aufkleben und zwei Fröschen ein Stück Stoff mit Heißkleber an den Hals kleben. Dazu den jeweiligen Stoffstreifen doppelt legen und ca. 1 cm von der Knickstelle entfernt mit dünnem Bindedraht umwickeln. Die Drahtenden locken.

5 Die kleinen Eimer auf die Bauchläden stellen und nach Wunsch dekorieren.

Kleiner Gartenhelfer

→ für Hobbygärtner

MOTIVHÖHE
ca. 19 cm

MATERIAL
- Sperrholz, 6 mm stark, 40 cm x 20 cm
- Sperrholz, 1 cm stark, 60 cm x 25 cm
- Acrylfarbe in Taubenblau, Honiggelb, Elfenbein, Lachsrot, Immergrün (Struktur) und Lindgrün
- Rundholzstück, ø 1 cm, 30 cm lang
- Bohrer, ø 6 mm und 1 cm
- Schraub- oder Einhandzwinge

VORLAGENBOGEN 4A

1 Die Blüten und die zusätzlichen „Dachkanten“ aus dem dünnen, beide Seitenteile, die Bodenfläche und die Vorder- und Rückseite aus dem dicken Sperrholz aussägen. Die Seitenteile und die Bodenplatte an den Längsseiten mit einem Winkel von 15° zusägen.

2 Aus beiden Seitenteilen die Vögel aussägen. Dazu ein Loch in die Fläche bohren und das Sägeblatt hindurchführen.

3 Das Rundholz und alle Sperrholzteile wie abgebildet anmalen. Die Streifen des Rundholzstückes sind ca. 5 cm breit. Alle Innenlinien ergänzen.

4 Die Blüten und die zusätzlichen Dachkanten aufkleben. Nach den Trocknen die Löcher bohren. Die Seitenteile mit den ausgesägten Vögeln an den Boden leimen. Auf jedes Rundholzende ein Seitenteil mit Blüte schieben und an die Schmalseiten der Kiste leimen. Dazu eine Schraubzwinge oder Einhandzwinge zur Fixierung verwenden, bis der Holzleim trocken ist.

Tina & Tine

→ süße Schmetterlinge

MOTIVHÖHE
ca. 16 cm

MATERIAL
BEIDE SCHMETTERLIGE

- Sperrholz, 6 mm stark, 22 cm x 35 cm
- Sperrholz, 1 cm stark, 20 cm x 25 cm
- Acrylfarbe in Elfenbein, Lindgrün, Hautfarbe, Terrakotta (Struktur), Antikblau, Taubenblau, Lachsrot, Pfirsich, Hausergrün und Weiß (Wangen)
- je 2 Rohholzhalbkugeln, ø 1,2 cm, 1 cm und 8 mm
- 4 Rohholzhalbkugeln, ø 6 mm
- Plusterstifte in Weiß und Sonnengelb
- Bindedraht, ø 0,35 mm und 0,65 mm
- Alustab, ø 4 mm, 38 cm lang
- mehrere kleine Zweige
- Satinband in Hellgrün, 3 mm breit, 50 cm lang
- Bohrer, ø 1,5 mm, 3 mm und 4 mm

VORLAGENBOGEN 1A

1 Die Flügelpaare aus dem dünnen, die Schmetterlinge aus dem dicken Sperrholz aussägen.

2 Alle Sperrholzteile und die Rohholzhalbkugeln wie abgebildet anmalen. Sämtliche Innenlinien aufmalen und die Gesichter gestalten. Alle Bohrungen vornehmen.

3 Die Flügel und Rohholzhalbkugeln aufkleben. Die Blüten mit den Plusterstiften auftupfen und gut trocknen lassen. Die Fühler aus dem dicken Draht formen und einkleben.

4 Den Alustab einkleben. Die Zweige mit dem dünnen Bindedraht umwickeln, die Drahtenden locken und das Bündel unter den Schmetterling kleben. Am zweiten Schmetterling eine Aufhängung aus Satinband anknoten.

Tischdekoration

→ sorgt für Stimmung

MOTIVHÖHE
Hahn ca. 17,5 cm

MATERIAL VIER MOTIVE

- Sperrholzrest, 4 mm stark
- Sperrholz, 6 mm stark, 45 cm x 45 cm
- Acrylfarbe in Weiß, Zinnoberrot, Milchkaffee, Orange, Elfenbein, Lachsrot, Schwarz und Hellgrau
- Rohholzhalbkugel, ø 1,5 cm
- Strukturschnee, grob
- Bindedraht, ø 0,65 mm
- Paper Perfect® in Weiß
- Plusterstift in Weiß
- Spachtel oder Messer
- Bohrer, ø 1,5 mm und 6 mm

VORLAGENBOGEN 1A

Abb. siehe auch Seite 1.

1 Den Fellschopf des Schafes, den Hahnenkamm, den Schnabel, die Kehlläppchen und das Mundteil der Kuh aus dem dünnen, die Körper aus dem dicken Sperrholz aussägen. Aus jedem Körper die runde Fläche aussägen. Dafür ein Loch bohren (ø 6 mm) und das Sägeblatt durchfädeln.

2 Alles wie abgebildet bemalen. Die Gesichter gestalten und die Innenlinien ergänzen. Dem Schäfchen den zusätzlichen Fellschopf, dem Häschen seine Nase, der Kuh das Mundteil und dem Hahn Kamm, Schnabel und Kehllappen aufkleben. Das Schäfchen gemäß Herstellerangaben mithilfe einer Spachtel oder eines Messers mit Paper Perfect® verzieren. Auf den Schwanz des Häschens Strukturschnee tupfen und den Schwanz des Hahns mit Plusterstift verzieren. Zwei u-förmige gebogene Drahtstücke durch die Löcher stecken und von vorn umbiegen.

IMPRESSUM

FOTOS: frechverlag GmbH, 70499 Stuttgart; Monika Gänsler (Schrittfotos, Seite 2/3); Fotostudio Ullrich & Co., Renningen (alle anderen Fotos)
GESAMTHERSTELLUNG: Print Consult GmbH, 82031 Grünwald

Auflage: 5. 4. 3. 2. 1.
Jahr: 2011 2010 2009 2008 2007 [Letzte Zahlen maßgebend]

ISBN 978-3-7724-3646-8
Best.-Nr. 3646